ISÖ
Institut für
Sozialökologie

AF234702

ISÖ-Text 2020-4

Ethische Maßstäbe in der Hochschullehre

Eine exemplarische Analyse des manipulativen
Rechtspopulismus

01.11.10 22:19

Michael Opielka

ISÖ – Institut für Sozialökologie gemeinnützige GmbH
ISÖ – Institute for Social Ecology non-profit company

Bibliographische Information der Deutschen Nationalbibliothek:

Die Deutsche Nationalbibliothek verzeichnet diese Publikation in der Deutschen Nationalbibliographie; detaillierte bibliographische Daten sind im Internet unter http://dnb.dnb.de abrufbar.

© 2020 ISÖ – Institut für Sozialökologie gemeinnützige GmbH

Herstellung und Verlag:

BoD – Books on Demand, Norderstedt

ISBN: 978-3-75265-864-4

ISÖ-Text 2020-4

Ethische Maßstäbe in der Hochschullehre

Eine exemplarische Analyse des manipulativen Rechtspopulismus

Michael Opielka

Siegburg, Dezember 2020

ISÖ - Institut für Sozialökologie gemeinnützige GmbH

Ringstraße 8, 53721 Siegburg

Tel.: +49 (0) 2241 1457073, Fax: +49 (0) 2241 1457039, E-Mail: info@isoe.org, Web: www.isoe.org

Coverabbildung: ISÖ

Dieser Text ist die überarbeitete und anonymisierte Fassung eines Gutachtens, das der Verfasser im Juli 2020 als Professor der Ernst-Abbe-Hochschule Jena erstellte. Die Veröffentlichung in der Reihe ISÖ-Text erfolgt, weil der Verfasser, zugleich Leiter des ISÖ, beide Funktionen gerade in ethischer Hinsicht nicht trennen kann. Zugleich kann das Gutachten die Komplexität der Auseinandersetzung mit der manipulativen Potenz des Rechtspopulismus exemplarisch demonstrieren.

Inhalt

1 Fragestellung 2

2 Originaltext 5

3 Wissenschaftstheorie 8

4 Deutungsmuster 12

5 Diskursstrategie 18

6 Ethische Bewertung 19

7 Literatur 21

8 Anhang: Das untersuchte Skript 23

1   Fragestellung

Der Rechtspopulismus und seine Schnittfelder zum Rechtsextremismus bereiten auch der Wissenschaft Sorgen. Weniger, weil WissenschaftlerInnen keine politische Meinung haben sollen, das ist unmöglich, sie können ihren Status als BürgerIn nicht in Labor und Hörsaal ablegen. Die Sorgen entstammen den meist unsystematischen Beobachtungen, dass aus den Deutungsmustern des Rechtspopulismus das Wesen der Wissenschaft selbst, ihr Wahrheits- und Vernunftanspruch, infragegestellt wird. Noch besorgter stimmt, wenn dieser Denkhabitus in der Hochschullehre auftritt und Studierende zu manipulieren droht. Die vorliegende Studie nimmt sich dieses Problemfeldes an einem exemplarischen Beispiel an. Zentrale Fragen der Sozialökologie beziehungsweise der Sozialen Nachhaltigkeit werden im Blick des Rechtspopulismus delegitimiert. Die Auseinandersetzung ist daher zwingend geboten.

Im Februar 2020 fragte die Leitung einer – aus Gründen des Persönlichkeitsschutzes im vorliegenden Text anonymisierten – Hochschule den Autor um eine gutachterliche Stellungnahme an, ob und inwieweit bei einem an der Hochschule eingesetzten Skript „Wissenschaftstheoretische Grundlagen" die Standards wissenschaftlichen Arbeitens eingehalten wurden. Die Hochschulleitung machte darauf aufmerksam, dass es um diesen Text in der Hochschule bereits umfangreiche Diskussionen gegeben hat. Ich zitiere aus der Anfrage und anonymisiere, aus den genanten Gründen des Persönlichkeitsschutzes, den Namen des/der Autors/in des zu untersuchenden Skriptes:

> *Die Hochschule hat bereits ein Rechtsgutachten eingeholt, in dem zu klären war, inwiefern strafrechtliche Aspekte eine Rolle spielen oder die Treupflicht verletzt wurde. Das Gutachten kommt zu der Auffassung, dass „durch das Skript für die Projektwoche im Sommersemester 2019 von ... politische Treuepflicht gegenüber dem Land ... und der freiheitlich demokratischen Grundordnung noch nicht verletzt" ist. Weiter heißt es: „Es gibt deswegen keinen Raum für arbeitsrechtliche Sanktionen, wie etwa eine Abmahnung". Zudem wird ausgeführt: „Im Ergebnis lässt sich*

deswegen festhalten, dass aus dem Skript von ... für die Projektwoche im Sommersemester 2019 belastbare Anhaltspunkte für ein strafbares Handeln nicht abgeleitet werden können". Der Gutachter empfiehlt zum Abschluss: „Es bleibt allein die Möglichkeit der wissenschaftlichen Auseinandersetzung mit der Lehre von ... durch das Kollegium der Hochschullehrerinnen und Hochschullehrer sowie durch die Studierenden". Die Hochschulleitung ist durch die zentrale Gleichstellungsbeauftragte auf das Skript aufmerksam gemacht worden. In dem Schreiben an die Hochschulleitung heißt es: „Der Aufbau, die Argumentationslinie, die Zitierweise, die Nutzung von Quellen und die Darstellung insgesamt entspricht nach unsere Einschätzung nicht den Standards wissenschaftlichen Arbeitens. Durch stark polarisierende Darstellungen ohne erkennbare didaktische Zielsetzung und Relevanz wird weniger die Kritikfähigkeit der Studierenden gefördert als versucht deren Meinung zu lenken".

Von Bedeutung erscheint der Hinweis, dass die Autorin/der Autor des Skriptes als herausgehobenes Mitglied der Partei AfD wirkt. Da diese Partei regelmäßig befürchtet, durch einen, in der Regel abstrakt gefassten, gesellschaftlichen Mainstream benachteiligt zu werden, wird an eine gutachterliche Beschäftigung mit Texten von AutorInnen aus diesem Umfeld in besonderer Weise die Anforderung gestellt, ethischen Maßstäben der Unparteilichkeit und Nüchternheit zu folgen, die ohnedies die Maßstäbe der Hochschullehre prägen müssen.[1]

Wissenschaft ist wie alle Professionssysteme durch Gleichzeitigkeit und Durchdringung von Methodik, Organisation und Ethik bestimmt, das heißt durch überprüfbares methodisches Handeln in Forschung und Lehre, dem Gegenstand angemessene Formen der Organisation (hier: Universitäten, Peer-Review, akademische Ritualisierung) und eine Wissenschaftsethik, die dem Gesamtsystem Wissenschaft einschließlich seiner gesellschaftlichen Folgen angemessen ist.

Ich konzentriere mich methodisch vor diesem Hintergrund auf mehrere Arbeitsschritte. Zum einen wird der zu untersuchende Text in zwei Komponenten

---

[1] Entsprechend formuliert die Präambel der „Ordnung zur Sicherung guter wissenschaftlicher Praxis an der Hochschule ...": „Wissenschaftliche Arbeit beruht auf universalen ethischen Grundprinzipien. (..) Zu diesen ethischen Normen zählen vor allem Ehrlichkeit gegenüber sich selbst und anderen (..)."

ISÖ
Institut für
Sozialökologie

geteilt, da er in auffälliger Weise aus teils umfangreichen Fremdtextstellen besteht. In Kapitel 2 werden die von der Autorenperson verfassten Originaltextstellen in der Reihenfolge des Skriptes zitiert, in Kapitel 8 (Anhang) das gesamte Skript. Die Zitation des Originaltextes wird die Frage aufwerfen, ob die hier durch die Autorenperson selbst vorgelegten Annahmen, Fragen und Thesen durch die Fremdtextstellen in didaktisch und letztlich professionsethisch angemessener Weise belegt oder betont werden. Das erste analytische Kapitel (3) untersucht, wie der Gegenstand des Skriptes „Wissenschaftstheoretische Grundlagen" dargestellt wird und ob das Skript reflexiv den impliziten Erkenntnisansprüchen folgt, Wissenschaftstheorie zu praktizieren. In Kapitel 4 wird mit vereinfachten Mitteln der Deutungsmusteranalyse der Frage nachgegangen, wie im Skript Kontextuierungen von Aussagen erfolgen und welche Deutungsmuster dabei erkennbar sind. In Kapitel 5 wird die Diskursstrategie des Skriptes zum Gegenstand, damit mögliche politische Annahmen und die Frage, wie offen und reflexiv mit diesen Annahmen umgegangen wird. Kapitel 6 zieht ein professionsethisches Fazit, das für das zu untersuchende Skript nicht erfreulich ausfällt.

2 Originaltext

Immer wieder werden wissenschaftliche Erkenntnisse angezweifelt. Das ist erst einmal legitim, ist doch der Zweifel der Nährboden des Fortschritts.

Über (längst) widerlegte, mehr oder weniger „wissenschaftliche" Erkenntnisse rümpfen wir heute die Nase:

- die Erde ist eine Scheibe
- Krankheiten sind durch Aderlass heilbar
- Die Armen werden immer ärmer und die Reichen immer reicher
- Der Trend zur Globalisierung trägt zur Verarmung der Entwicklungsländer bei
- Der zunehmende CO_2-Ausstoß führt zur Erderwärmung und damit einhergehend zu immer größeren Naturkatastrophen
- Die Rente ist sicher (vom damaligen Bundessozialminister Norbert Blüm)

Wir müssen zwei Dinge untersuchen:

(1) Sind sie wahr oder falsch
(2) Sind diese Aussagen überhaupt wissenschaftlich?

Vorab eine wichtige Unterscheidung, die Sie kennen (sollten) aus „VWL I". Sie kennen noch aus Ihren ersten VWL-Vorlesungen die Unterscheidung zwischen normativen und positiven Aussagen (vgl. N. G. Mankiw/M. P. Taylor, Grundzüge der Volkswirtschaftslehre, 6.Auflage, Stuttgart 2016, S.31 ff.) Ordnen Sie folgende Aussagen richtig zu:

Positive oder normative Aussage?

- Eine Erhöhung des Mindestlohns verursacht Arbeitslosigkeit unter schlecht qualifizierten Arbeitnehmern.
- Die Einkommensgewinne durch die Mindestlohnerhöhungen sind wichtiger als eine geringe Steigerung der Arbeitslosigkeit.
- Tabakunternehmen sollten Regierungen für die Kosten der Behandlung von Krankheiten entschädigen, die im Zusammenhang mit Rauchen auftreten.

- Positive Aussagen sind deskriptiv und beschreiben, wie die Welt ist
- Normative Aussagen sind präskriptiv und zielen darauf ab, wie die Welt sein sollte.

Das Prinzip der Falsifizierung

Der Philosoph Karl Popper (1902-1994, geb. Österreicher) trug maßgeblich dazu bei, den Begriff Wissenschaft überhaupt zu konkretisieren. Er relativierte den Begriff der Wahrheit in der Wissenschaft. Wir nähern uns bestenfalls der Wahrheit an, indem wir immer wieder alte Theorien falsifizieren (d.h., als unzutreffend entlarven) und durch neue ersetzen. Diese neuen Theorien können aber ihrerseits falsifiziert werden.

Falsifizierung wird anhand von empirischen Untersuchungen und den entsprechenden Daten durchgeführt. Kehren wir zurück zur Aussage:

Eine Erhöhung des Mindestlohns verursacht Arbeitslosigkeit unter schlecht qualifizierten Arbeitnehmern.

Dann kann eine neue Erhebung, z.B. in Deutschland 2018, dazu führen, dass trotz der Einführung des Mindestlohnes kein Anstieg der Arbeitslosigkeit in der entsprechenden Arbeitsmarktsegment feststellbar war.

Damit könnte die Hypothese, also der vermutete Zusammenhang, zurückgewiesen werden. Jedoch wäre dann wieder zu fragen, warum die *allgemeine* Vermutung im *konkreten Falle (Deutschland 2017-18) NICHT* zutraf. Es wären folgende weiterführende Hypothesen denkbar:

- *Der Mindestlohn war unwirksam, d.h., er lag unter dem Marktlohn (vgl. Mankiw/Taylor, 6.A., S.260-267)*

- *Andere Effekte überlagerten den Einfluss des Mindestlohnes, z.B. die robuste gesamtwirtschaftliche Nachfrage*

- *Menschen, die durch den Mindestlohn arbeitslos wurden, haben sich resigniert zurückgezogen, sind aus der Statistik gefallen. Insofern wurde die Arbeitslosigkeit falsch gemessen.*

Gründe für fake science

Geld/ Ruhm / Karriere

Fallbeispiel (1): Reporter des WDR unterbreitet unsinnige Studie, kann in einem Fachjournal veröffentlichen und auf einem Fachkongress auftreten.

https://wdrmedien-a.akamaihd.net/medp/podcast/ebu/fsk0/168/1688840/quarks_2018-07-_24_betrug-stattspitzenforschungwennwissenschaftlerschummeln_wdr.mp4

Fallbeispiel (2): Bertelsmann-Stiftung erhält so viele Aufträge von Bundes- und Landesregierungen, dass die Objektivität ihrer Studien in Frage gestellt werden kann

Ideologie/politische Einstellung

Die Bertelsmann-Stiftung schreibt im Vorwort einer von ihr in Auftrag gegebenen Studie von Holger Bonin (Der Beitrag von Ausländern und künftiger Zuwanderung zum deutschen Staatshaushalt, ZEW Mannheim.2014) auf Seite 4 folgendes…

… obwohl Bonin eine Reihe eher ungünstiger Szenarien vorlegt und schreibt:

Nur für den Fall deutlich steigender Qualifikationen der Zuwanderer wären positive fiskalische Effekte nachzuweisen. Das widerspricht der Aussage der Bertelsmannstiftung im Vorwort („unabhängig davon…"), da sie ein „positives Narrativ" erzeugen will.

Der Maßnahmekatalog gegen fake science ist eng verwandt mit dem Kampf gegen fake news. Allerdings ist in der Wissenschaft ja der Wahrheitsbegriff immer nur ein vorläufiger. Bei fake news im Alltag ist es schon problematisch genug, auf „Wahrheit" oder „fake" zu entscheiden. Insbesondere ist dort zu beachten

- Das Recht auf Meinungsfreiheit, das auch die Verbreitung von Meinungen explizit erlaubt

- Die Interpretation von Texten, Bildern, Videos, die nicht immer eindeutig ist

- Die Gefahr einer Monopolisierung der Wahrheit („Wahrheitsministerium" in George Orwell, 1984)

Wer entscheidet?

Die „Community"

- Standardisierung der Forschung

- Peer review – Prozeß bei Publikationen (d.h., Wissenschaftler vom Fach beurteilen das eingereichte Manuskript vorab auf Wissenschaftlichkeit)

- Überprüfende Forschung (Studien, die das Gegenteil „beweisen" usw.)

- Offenlegung der Basisdaten, des Forschungsdesigns usw.

Gerichte

Beispiel Auschwitz-Lüge

Leider gibt es keine Gesetze, die darlegen, was wahr oder was falsch ist. Die einzige dem Autor bekannte gesetzliche Festlegung ist die sog. „Auschwitz-Lüge"

Fangfrage: Wäre parallel zu den o.g. Überlegungen auch ein Straftatbestand der „Klimalüge" i.S. der Leugnung der menschgemachten Erderwärmung einzuführen?

Politiker/Wähler

Wissenschaft ist keine Demokratie, Erkenntnis hat mit Mehrheiten nichts zu tun. Einsteins Relativitätstheorie wurde nicht durch Abstimmung gültig; selbst eine Abstimmung unter den angesehensten Wissenschaftlern der Zeit hätte keinen Einfluss auf das Ergebnis der Theorie haben dürfen.

Ist die Sarranzin-These, die übrigens von etlichen Wissenschaftlern geteilt wird, eine Volksverhetzung? Ohne juristisch ins Detail gehen zu wollen (was den entsprechenden Kollegen, die Recht lehren, vorbehalten ist), hier nur der Wortlaut des entsprechenden Paragraphen:

3   Wissenschaftstheorie

Die Zusammenstellung der von der Autorenperson selbst verfassten Textpassagen in Abschnitt 2 wird einige Leserinnen und Leser intuitiv überzeugen. In ihrem Deutungsrahmen ist soziale Ungleichheit ein natürliches Phänomen, da Überleben auf Stärke beruht und das darwinistische Prinzip der Selektion auch für Sozialverhältnisse gilt. Für sie ist es kein Widerspruch, dass der „Kreationismus" dazu vollkommen im Widerspruch steht, da er sich fundamental gegen die Darwinsche Evolutionstheorie richtet und alle wesentlichen Entwicklungsprozesse auf göttlichen Willen zurückführt. Sie lehnen Zuwanderung und ethnische wie rassische Vermischung ab, halten Muslime für eine Rasse, die sich durch Inzest um ihren IQ bringt und nicht nach Europa gehört und sehen im Massenmord an Juden eher die „Auschwitz-Lüge" als ein Verbrechen, sind allerdings fest überzeugt, dass die Natur durchregiert, Menschen das Klima nicht relevant beeinflussen und wir deshalb von Vertretern einer „Klima-Lüge" manipuliert werden. Für andere Leserinnen und Leser gilt genau das Gegenteil, sie halten solche Deutungsrahmen für manipulativ, einseitig oder gar für verbrecherisch. Ist ein Gesichtspunkt außerhalb solcher Deutungskämpfe möglich? Selbstverständlich, werden wohl alle Nachdenklichen sagen, dazu ist die Wissenschaft da, sie soll objektivieren, soll Wahrheit von Phantasie, Fakten von Irrtümern trennen. Mit diesem Anspruch tritt auch das Skript der Autorenperson an. Das achte mosaische Gebot wird allem vorangestellt. Aber wird der Anspruch eingelöst?

Der Standpunkt außerhalb von wissenschaftlichen Deutungskämpfen ist der Standpunkt der Wissenschaftstheorie. Sie ist deshalb der Gegenstand des Skriptes: „Wissenschaftstheoretische Grundlagen". Es bleibt unklar, um welche „Grundlagen" wovon es geht. Noch auf der ersten Seite werden die Studierenden an eine volkswirtschaftliche Lehrveranstaltung erinnert, man kann also annehmen, dass die Zielgruppe des Skriptes Studierende sind, die „VWL I" besucht haben, sonst macht diese Referenz keinen Sinn. Es handelt sich damit um eine „Grundlagen"-Veranstaltung für Studierende, die ein zumindest zweiteiliges Modul in Volkswirtschaften besuchen. Das spricht gegen Studierende der Sozialen Arbeit, Pflege oder Technik, sondern für Studierende der Betriebswirtschaft, des Wirtschaftsingenieurwesens und vergleichbarer Studiengänge. Möglicherweise haben diese Studierenden bereits eine Lehrveranstaltung in Propädeutik besucht, so dass sie mit Grundproblemen der Erkenntnis- und Wissenschaftstheorie zumindest grob vertraut sind. Dagegen spricht, dass sich die Autorenperson nur auf ihre eigene Lehrveranstaltung bezieht, die sie zudem an der entscheidenden Stelle nur zu replizieren scheint. Es könnte also um wissenschaftstheoretische Grundlagen der Volkswirtschaftslehre oder der Wirtschaftswissenschaften im Allgemeinen gehen. Dagegen spricht die Auswahl der Themen des Skriptes, die zwar Verteilungsprobleme und Lohnfindungsprobleme umfassen, allerdings nur andeutungsweise und ohne weitere theoretische Vertiefung, den größten Teil des Skriptes nehmen jedoch nicht-ökonomische Themen ein.

Das Skript scheint sich mit wissenschaftstheoretischen Grundlagen der Sozialwissenschaften in einem weiteren Sinn beschäftigen zu wollen. Dies erinnert an eine seit längerem im Tübinger Verlag Mohr-Siebeck erscheinende Reihe „Einheit der Gesellschaftswissenschaften"[2]. Sie startete mit dem klassischen Werk „Logik der Forschung" von Karl Popper, auf den sich die Autorenperson auch bezieht. Allerdings verwendet die Autorenperson aus womöglich grundsätzlichen Erwägungen keine Originaltexte, sondern begnügt sich mit Sekundärquellen und Internetverweisen. Das Skript soll also einen grundsätzlichen Blick auf die Bedingungen wissenschaftlicher Erkenntnisse richten, die Ökonomie ist nur ein Beispiel unter vielen. Die Autorenperson zieht als Referenz eine wissenschaftstheoretische Position heran, den von Popper wesentlich begründeten „Kritischen Rationalismus", ohne ihn jedoch zu nennen, er taucht nur in der Quellennennung des Sekundärzitats auf. Das Poppersche Programm der „Falsifikation" wird im Skript *als einziges* wissenschaftstheoretisches Programm

---

[2]   https://www.mohrsiebeck.com/schriftenreihe/die-einheit-der-gesellschaftswissenschaf-ten-edg

genannt, mit anderen Theorien und Modellen sollen die Studierenden wohl nicht konfrontiert werden. Ist das der Stand der Wissenschaftstheorie?

Die Reduzierung von Wissenschaftstheorie und selbst des Popperschen Kritischen Rationalismus auf „Falsifikation" prägt das Skript. Andere wissenschaftstheoretische Positionen kommen nicht vor. Ob hier eine bewusste wissenschaftliche Entscheidung erfolgte, die zu begründen wäre, bleibt unklar. Sie hat jedoch eine wesentliche Folge für den Argumentationsgang des Skriptes. In einem der wenigen von der Autorenperson selbstformulierten Sätze heißt es: „Falsifizierung wird anhand von empirischen Untersuchungen und den entsprechenden Daten durchgeführt." (S. 4) Man könnte dahingestellt sein lassen, ob es sich dabei um eine richtige Interpretation des herangezogenen Popper handelt, ob also philosophische bzw. theoretische Argumentationen nicht auch logisch falsifiziert werden können, was selbstverständlich auch für Popper galt, der dem absoluten Wahrheitsbegriff der Korrespondenztheorie zustimmte und nicht einer Art Relativismus (Albert 1991). Indem die Autorenperson einem wissenschaftstheoretischen Empirismus huldigt, entzieht sie ihre theoretischen Denkfiguren einer wissenschaftstheoretischen Kritik. Das öffnet Tür und Tor für Suggestionen und Manipulationen. Diese finden sich zuhauf im Text, aber sie haben ihren Ursprung in der wissenschaftstheoretischen Entscheidung, nichts gelten zu lassen außer Falsifikation durch empirische Daten.

In jedem Fall erstaunt, warum die Autorenperson bei einem Skript und damit wohl auch einer Lehrveranstaltung mit dem anspruchsvollen Titel „Wissenschaftstheoretische Grundlagen" nur eine einzige Theorie und auch diese nur in einer fast zur Unkenntlichkeit verdünnten Form präsentiert. Es wäre nicht schwierig. Wikipedia hält einen ordentlichen Überblicksbeitrag zur Wissenschaftstheorie bereit.[3] Es existiert leicht zugängliche und zugleich solide Einführungslektüre, aus der auch ein fachfremder Hochschullehrer zitieren kann, so dass er nicht nur auf Internetquellen verweisen muss (Poser 2012,

---

[3] https://de.wikipedia.org/wiki/Wissenschaftstheorie

Schülein/Reitze 2016). Womöglich scheint die Autorenperson nur eigene Studienerfahrungen zu memorieren, was bedauerlich ist, denn gerade in der der Wissenschaftstheorie vorgelagerten, mit ihr jedoch eng verbundenen Erkenntnistheorie – auch hier bietet Wikipedia Vernünftiges zum Überblick[4] – haben sich in den letzten Jahren beispielsweise mit dem Neuen Realismus (Gabriel 2012 und leicht zugänglich Gabriel 2013) gerade für den Argumentationskontext des Skriptes äußerst bedeutsame Ansätze entwickelt. So einfach ist es mit der Wirklichkeit und der Wahrheit nicht, zugleich aber existiert ein erheblicher Theoriepluralismus zwischen Ontologie und Konstruktivismus, der auch in einer Einführung zwingend erwähnt werden muss, um nicht einer Neo-Theologie des je passenden Monismus zu verfallen. Dies freilich stört die Autorenperson wohl nicht, im Gegenteil, das genau scheint ihr Ziel zu sein. Nicht das Denken zu denken, wie es nach Kant und Hegel zumindest in Deutschland unhintergehbar sein muss, weil nur so Freiheit gedacht werden kann (Vieweg 2019), sondern das Denken zu lenken. Mit Wissenschaftstheorie freilich hat das nichts zu tun.

---

[4]   https://de.wikipedia.org/wiki/Erkenntnistheorie

4   Deutungsmuster

Die erste und zentrale Prüfung für das Skript endete unerfreulich. Es behauptet zwar wissenschaftstheoretische Grundlagen zu legen, doch es legt nur eine schmale Richtung und diese hat mit der behaupteten Referenz (Popper) nur wenig zu tun. Aber warum macht sie das? Die expliziten Annahmen des Textes sind erstaunlich genug für einen Hochschultext, aber sie sind, wie wir gleich sehen werden, nicht leicht zu verstehen und zu sortieren. Überall scheinen Nebelkerzen auf, wird Unklarheit verbreitet und Unsicherheit. Wir müssen daher in der Textanalyse einen Schritt in die Tiefe gehen. In der qualitativen Sozialforschung ist dafür das Konzept der Deutungsmusteranalyse entwickelt worden. In der qualitativen Soziologie gilt die Analyse sozialer Deutungsmuster als eine der zentralen Aufgaben soziologischer Forschung und Theoriebildung. Der Begriff „Deutungsmuster" wurde von Ulrich Oevermann in den 1970er Jahren erstmals formuliert (Oevermann 2001) und diffundiert unterdessen bis in die Sozialpolitikanalyse (Müller 2013). Das Konzept der Deutungsmuster geht davon aus, dass den in Interviews oder in Texten aus anderen Erhebungsverfahren vorgetragenen Meinungen, Einstellungen und Werturteilen implizit bestimmte kulturelle Muster der Erfahrungsorganisation und Sinnstrukturierung zugrunde liegen, die dem Subjekt im Alltag dazu dienen, soziale Wirklichkeit zu verstehen und zu kommunizieren. Diese im Interpretationsprozeß zu rekonstruierenden Deutungsmuster werden unter Zugrundelegung der jeweiligen Fragestellung für die weitere theoretische Bearbeitung des Datenmaterials genutzt. Es wäre reizvoll, das zu untersuchende Skript einer Deutungsmusteranalyse als Methode der qualitativen Sozialforschung zu unterziehen. Der Aufwand dafür wäre enorm (siehe Müller/Opielka 2010). Begnügen wir uns in Kenntnis dieser Methode in verkürzter Form ihrer Grundgedanken und betrachten aus dieser Perspektive das vorliegende Skript. Welche Deutungsmuster lassen sich einigermaßen transparent rekonstruieren? Greifen wir dazu die zentralen Themen des Skriptes in der Reihenfolge ihres Auftretens auf:

a) *Mindestlohn*
b) *Migrationspolitik*
c) *Klimapolitik*
d) *Kreationismus*

Als Analysestrategie schlägt die Autorenperson bereits auf der ersten Seite – im Anschluss an eine Reihe von Suggestivsätze, die im folgenden Abschnitt genauer untersucht wird – eine doppelte Unterscheidung vor, die auch auf seine Aussagen Anwendung finden soll: „(1) Sie sie wahr oder falsch, (2) Sind diese Aussagen überhaupt wissenschaftlich?" Wir begrenzen unsere Suche nach Deutungsmustern damit auf wissenschaftlich intendierte Aussagen und nehmen an, dass dies für alle Aussagen des Skriptes gilt, sofern sie nicht ausdrücklich als Untersuchungsmaterial klassiziert wurden.

Zu a) Mindestlohn: Die Diskussion des Konzepts Mindestlohn wird bereits mit dem dritten Spiegelstrich der Suggestivsätze auf Seite 1 gerahmt: „Die Armen werden immer ärmer und die Reichen immer reicher." Diese Aussage wird im Papier nicht weiter thematisiert. Sie gilt für die Autorenperson als „(längst) widerlegt". Solide und empirisch arbeitende Sozialforschende sehen jedoch genau das Gegenteil, die Zunahme von Vermögensungleichheit (Piketty 2014, Grabka/Halbmeier 2019). Auf Seite 2 wird gefragt, ob die Aussage: „Eine Erhöhung des Mindestlohns verursacht Arbeitslosigkeit unter schlecht qualifizierten Arbeitnehmern" eine positive oder eine normative Aussage sei. Zwei Seiten später stellt die Autorenperson fest: „Dann kann eine neue Erhebung, z.B. in Deutschland 2018, dazu führen, dass trotz der Einführung des Mindestlohnes kein Anstieg der Arbeitslosigkeit in der entsprechenden Arbeitsmarktsegment feststellbar war." Zurecht fragt die Autorenperson dann weiter:

„Damit könnte die Hypothese, also der vermutete Zusammenhang, zurückgewiesen werden. Jedoch wäre dann wieder zu fragen, warum die allgemeine Vermutung im konkreten Falle (Deutschland 2017-18) NICHT zutraf. Es wären folgende weiterführende Hypothesen denkbar:

Der Mindestlohn war unwirksam, d.h., er lag unter dem Marktlohn (vgl. Mankiw/Taylor, 6.A., S.260-267)

> *Andere Effekte überlagerten den Einfluss des Mindestlohnes, z.B. die robuste gesamtwirtschaftliche Nachfrage*
>
> *Menschen, die durch den Mindestlohn arbeitslos wurden, haben sich resigniert zurückgezogen, sind aus der Statistik gefallen. Insofern wurde die Arbeitslosigkeit falsch gemessen." (Seite 5)*

Damit endet im Text die Auseinandersetzung mit dem Thema Mindestlohn. Welches Deutungsmuster lässt sich in diesem skriptinternen Diskurs identifizieren? Die Rahmendeutung des Skriptes ist offenkundig ein Verschwinden sozialer Ungleichheit und damit grundsätzlich von vornherein ein geringer Bedarf an sozialpolitischem Ausgleich. Abweichende Auffassungen werden auf die Ebene von „Die Erde ist eine Scheibe" gestellt. Die Einführung eines Mindestlohnes wird ausschließlich kritisch im Sinne des neoliberalen Diskurses (Knabe u.a. 2020) interpretiert, positive Deutungen werden nicht genannt.

Zu b) Migrationspolitik: Das Thema Migrationspolitik wird auf Seite 7 mit zwei Zitaten aus einer Studie der Bertelsmann-Stiftung aus 2014 eingeführt. Es wird jedoch bereits ab Seite 5 deutend gerahmt, indem die Bertelsmann-Stiftung unter „Gründe für fake science" in der Rubrik „Geld/Ruhm/Karriere" als „Fallbeispiel" mit folgender Begründung platziert wird: „Bertelsmann-Stiftung erhält so viele Aufträge von Bundes- und Landesregierungen, dass die Objektivität ihrer Studien in Frage gestellt werden kann." Diese geradezu diffamierende Deutung, wonach erfolgreiche Auftragsakquisition zu schlechter, weil unobjektiver Auftragserfüllung führt, wird auf Seite 6 mit einem Artikelausschnitt aus der „Rheinischen Post" zu belegen versucht, wonach die Bertelsmann-Stiftung „zu den wichtigsten Lobby-Organisationen des Landes" zähle. Der Autorenperson scheint es hier nicht unbedingt um eine objektive Deutung der Bertelsmann-Stiftung zu gehen, die im lobbykritischen Diskurs der letzten Jahrzehnte eher den Ruf einer neoliberalen Institution genießt,[5] was eigentlich zu ihrem Deutungsmuster im Feld Mindestlohn passt. Aber hier, beim Thema Migrationspolitik, dient die Abwertung der Bertelsmann-Stiftung als Rahmendeutung für die Deutung der inhaltlichen

---

[5]   https://lobbypedia.de/wiki/Bertelsmann_stiftung

Argumentation der Studie: sie wolle ein „positives Narrativ" von Migration erzeugen, „obwohl" sie „eine Reihe eher ungünstiger Szenarien" für die Folgen von Migration vorlege. Damit wird ein Deutungsmuster sichtbar, wonach Migration nur bei Manipulation von Daten positive gesellschaftliche Effekte zeige. Dieses migrationskritische Deutungsmuster wird auf den Seiten 11-12 wieder aufgegriffen und zugespitzt, indem im Kapitel „Maßnahmen gegen fake science" in der Rubrik „wer entscheidet: Politiker/Wähler" ein „Fallbeispiel" aufgerufen wird: „Gibt es Intelligenzunterschiede je nach Herkunft und Rasse?". Das „Fallbeispiel" besteht aus dem Auszug aus einem ausgewogenen FAZ-Artikel aus 2010, der sich mit der Frage beschäftigt: „Gibt es einen Zusammenhang von Intelligenz und muslimischer Kultur?", womit die Frage des „Fallbeispiels" spezifiziert wird.

Überraschend wird im Anschluss an den FAZ-Auszug die Frage gestellt: „Ist die Sarrazin-These, die übrigens von etlichen Wissenschaftlern geteilt wird, eine Volksverhetzung?" (Seite 12) Mit dieser Frageform wird die Deutung nahegelegt, dass die im FAZ-Beitrag diskutierten Befunde von zumindest teilweise mit jenen „etlichen Wissenschaftlern" identischen ForscherInnen stammen. Der FAZ-Beitrag legt dies jedoch nicht nahe. Der Vorwurf der „Volksverhetzung" wird plötzlich in den Raum gestellt, ohne Nennung von Personen oder Organisationen, die ihn erheben und womöglich auch begründen.

Zusammenfassend lassen sich zur Migrationspolitik daher folgende Deutungsmuster im Skript rekonstruieren: zum einen zeige Migration nur bei Manipulation von Daten positive gesellschaftliche Effekte, an sich ist Migration ein soziales Problem; zum anderen seien Migranten aus dem muslimischen Raum aufgrund von inzestuöser Heiratspraxis intelligenzgemindert und wer darauf aufmerksam mache, werde als Volksverhetzer denunziert.

Zu c) Klimapolitik: Auch dieses Thema wird mit den Suggestivsätzen aus dem Feld „Die Erde ist eine Scheibe" auf Seite 1 eingeführt: „Der zunehmende CO_2-Ausstoß führt zur Erderwärmung und damit einhergehend zu immer größeren Naturkatastrophen." Dann taucht es wieder auf Seite 9 im Kontext „Maßnahmen gegen fake science" unter „Wer entscheidet?/Gerichte" auf. Zunächst wird die juristische Bearbeitung der „Auschwitz-Lüge" als „einzige dem Autor bekannte gesetzliche Festlegung" „was wahr oder was falsch ist" erwähnt. Dann, am Fußrand des Skripts auf Seite 9, taucht ein erstaunlicher Textblock auf, dessen Deutung nicht so einfach ist: *„Fangfrage: Wäre parallel zu den o.g. Überlegungen auch ein Straftatbestand der „Klimalüge" i.S. der Leugnung der menschgemachten Erderwärmung einzuführen?"* (S. 9) Wen will die Autorenperson damit „fangen"? Will sie rechtsextreme Studierende („Auschwitz-Leugner") identifizieren und irgendeiner Strafe zuführen, da sie ja gefangen wurden? Direkt unmittelbar danach wird das Thema „Kreationismus" behandelt, wir lassen den Zusammenhang zurückgestellt, und suchen nach einem Wiederauftauchen der Themas Klimapolitik. Es taucht ein drittes Mal auf, auf Seite 11, im Kontext der Rubrik „Wer entscheidet?/Politiker/Wähler". Dort wird mit guten Gründen geschrieben: „Wissenschaft ist keine Demokratie, Erkenntnis hat mit Mehrheiten nichts zu tun" (S. 11), um dann jedoch aus einem eher polemischen Beitrag von Klaus Schröter aus dem ORDO-Jahrbuch zu zitieren, der behauptet, dass das Internationale Klimapanel IPCC wissenschaftliche Hypothesen „durch Mehrheitsentscheidungen" bestätige. Hier wird die Mehrheitsregel des IPCC fehlinterpretiert. Es geht hier um Abstimmung innerhalb einer Scientific Community, die zugleich Minderheitenvoten dokumentiert. Die Fülle der wissenschaftlichen Diskurse zum Problem der Wissenschaftlichkeit des Klimadiskurses wird nicht erkennbar (z.B. BMBF 2003, National Academy/Roylal Society 2020).[6] Die Autorenperson legt hier vielmehr die Deutung nahe, dass die Klimaforschung die Politik selbst als Entscheidungsfeld enteigne. Das Deutungsmuster des Skriptes zur Klimapolitik ist verheerend: Wer die Befunde der Klimaforschung infragestellt, wird als Klimalügner diffamiert und auf dieselbe ethische Ebene wie ein Auschwitz-Leugner gestellt.

---

[6] https://www.faz.net/aktuell/wissen/erde-klima/diskussion-um-klimawandel-der-konsens-der-klimaforscher-16060198.html?GEPC=s5

Zu d) Kreationismus: Dies ist offensichtlich ein Nebenthema, das nur auf Seite 10 des Skriptes auftaucht, nicht eingeführt wird und auch nicht mit den anderen Themen in Verbindung gebracht wird. Es wird als „Fallbeispiel Evolutionstheorie" direkt anschließend an die erwähnte „Fangfrage" in der Rubrik „Gerichte" herangezogen. Dabei wird recht ausführlich ein Beitrag aus der Zeitschrift „Die Welt" aus dem Jahr 2007 zitiert, wonach der Europarat einen Bericht zur Rolle des „Kreationismus" im Schulunterricht wegen Einseitigkeit zur Behandlung an den Kulturausschuss überwiesen habe. Das ist lange her, so dass von einer/m Hochschullehrer/in eine Aktualisierung erwartet werden kann. Literatur zu diesem konkreten Vorgang liegt vor (Brasseur 2011, Graf/Lammert 2011), wird aber nicht herangezogen. Auch die Vielfalt der wissenschaftstheoretischen Diskurse um Kreationismus, die selbst in Wikipedia ordentlich nachgezeichnet werden[7], wird nicht markiert. Wie wird die Kontroverse zwischen Kreationismus und Evolutionstheorie, die in der Tat grundsätzliche religionssoziologische Reflexion verdient (Opielka 2007), hier gedeutet? Da Aussagen der Autorenperson im Skript fehlen, kann die Positionierung dieses Abschnittes zwischen die beiden Erwähnungen des Themas Klimapolitik helfen. Das Deutungsmuster lautet, dass in Deutschland (Europa) gefährlich („Auschwitz-Lüge") lebt, wer die Theorie des Kreationismus vertritt, zugleich aber, dass die Minderheitenposition der Kreationisten nichts an ihrer Wissenschaftlichkeit mindere, da Wissenschaft keine Mehrheitsentscheidung vertrage.

---

[7] https://de.wikipedia.org/wiki/Kreationismus

ISÖ
Institut für
Sozialökologie

17

5   Diskursstrategie

Welche Diskursstrategie verfolgt die Autorenperson mit ihren Deutungen und Deutungsmustern? Ein zentrales Element jeder Diskursstrategie ist die Nutzung und Identifikation von Quellen. Das Skript stützt sich bei allen argumentativen Schritten im Wesentlichen auf Sekundärliteratur, diese vornehmlich mit polemischem Charakter. Dies ist vor allem dann beachtlich, wenn – wie auf Seite 3 als Definition des „wissenschaftlichen Prinzips" – ein Artikel als Quelle genutzt wird, dessen Titel für Studierende zurecht irritiend wirken muss: „Ideologische Überzeugungstäter mit akademischen Titel statt Wissenschaftler mit gefestigtem Wertekostüm". Lassen wir dahingestellt, ob der Begriff „Wertekostüm" nicht selbst irritieren kann, denn Kostüme kann man wechseln. Entscheidend ist die methodische Entscheidung, polemische Texte nicht als Diskursbeispiele, sondern als Nachweise einzuführen (eindrücklich auch auf Seite 8).

Das zweite Element der Diskursstrategie ist die exzessive Nutzung von Suggestionen, die für ein Skript zur Wissenschaftstheorie ohne gründliche Selbstreflexion im Grunde unzumutbar sind. Das Extrem ist die suggestive „Fangfrage" zum Verhältnis von „Auschwitz-Lüge" und „Klima-Lüge". Sie gehört in das Repertoire des modernen Rechtextremismus und steht in dieser Form außerhalb eines wissenschaftlichen Diskursraums.

Schließlich gehört zur Diskursstrategie das Fehlen von Diskurs. Gegenpositionen werden – wenn überhaupt, wie beim Beispiel Mindestlohn – suggestiv abgewertet. Die eigene Position wird als absolut erklärt. Wissenschaftstheorie wird auf eine Banalversion des Kritischen Rationalismus reduziert.

6 Ethische Bewertung

Die ethische Bewertung des vorgelegten Skriptes zu „Wissenschaftstheoretische Grundlagen" der an der Hochschule vertretenen Disziplinen kann an allgemeinen ethischen und an angewandten professionsethischen Diskursen orientiert werden. Am naheliegendsten ist zunächst die Heranziehung der Ethikrichtlinie der Hochschule selbst („Ordnung zur Sicherung guter wissenschaftlicher Praxis an der Hochschule …"). Dort heißt es in § 1 Abs. 2:

> *„Die Mitglieder und Angehörigen der Hochschule .. sollen*
>
> *– nach den im jeweiligen Fach anerkannten Regeln wissenschaftlichen Vorgehens handeln (lege artis)*
>
> *– Resultate dokumentieren,*
>
> *– alle Ergebnisse konsequent selbst anzweifeln,*
>
> *– strikte Ehrlichkeit im Hinblick auf die Beiträge anderer wahren."*

In § 3 Abs. 2 werden einschlägige Anforderungen an die Hochschullehre formuliert:

> *„Die Hochschule .. nimmt ihre Verantwortung für ihre Absolventinnen und Absolventen auch dadurch wahr, dass sie den Studierenden im Studium die Grundsätze wissenschaftlichen Arbeitens und guter wissenschaftlicher Praxis vermittelt. Dies geschieht üblicherweise bereits in den Einführungen in das wissenschaftliche Arbeiten im Grundstudium. Darin sollte angesichts der raschen wissenschaftlichen Entwicklung in manchen Disziplinen, zumal in solchen, deren Forschungsergebnisse kurzfristig wirtschaftlich verwertbar werden, Sensibilität im Hinblick auf die Möglichkeit wissenschaftlichen Fehlverhaltens vermittelt werden. Gleichzeitig hat die Hochschule die Aufgabe, ihre Studierenden zu Ehrlichkeit und Verantwortlichkeit in der Wissenschaft zu erziehen."*

In § 7 „Wissenschaftliches Fehlverhalten" begrenzt Abs. 1 den Rahmen des Fehlverhaltens klar:

> *„Wissenschaftliches Fehlverhalten liegt vor, wenn in einem wissenschaftserheblichen Zusammenhang bewusst oder grob fahrlässig Falschangaben gemacht werden, geistiges Eigentum anderer verletzt oder sonstwie deren Forschungstätigkeit beeinträchtigt wird."*

ISÖ
Institut für
Sozialökologie

Die in der Untersuchung des Skriptes identifizierten Probleme lassen sich diesen Sachverhalten – aus nicht-juristischer Sicht – nicht zuordnen. Die ethische Bewertung fällt dennoch negativ aus. Als Referenzrahmen dieser Bewertung dient daher nicht die konkrete Hochschulordnung, sondern dienen die „anerkannten Regeln wissenschaftlichen Vorgehens", auf die sich die Hochschulordnung bezieht.

Die Autorenperson arbeitet mit einseitigen, überwiegend polemischen Quellen. Sie vermeidet fast durchweg Diskurse zugunsten von Suggestionen und sie nutzt polemische Zuspitzungen, die zum Thema Klimapolitik mit der Parallelisierung von „Klima-Lüge" und „Auschwitz-Lüge" im Diskussionsmilieu des organisierten Rechtsextremismus üblich sind. Wissenschaftstheorie wird ohne Erkenntnistheorie präsentiert und auf einen Aspekt nur eines Ansatzes reduziert, als Einführung entspricht sie nicht den Regeln wissenschaftlichen Vorgehens, das sich in der Hochschullehre abbilden muss. Das Skript ist daher sowohl formal wie methodisch unprofessionell und entspricht nicht dem Niveau einer Hochschule.

7   Literatur

Albert, Hans, 1991, *Traktat über Kritische Vernunft*, 5. Aufl., Tübingen: Mohr

BMBF, 2003, *Herausforderung Klimawandel*, Berlin: BMBF

Brasseur, Anne, 2011, *Einstellung und Wissen zur Evolution und Wissenschaft in Europa*, in: Graf, Dittmar (Hrsg.), *Evolutionstheorie – Akzeptanz und Vermittlung im europäischen Vergleich*, Berlin/Heidelberg: Springer, S. 1-8

Gabriel, Markus, 2012, *Die Erkenntnis der Welt. Eine Einführung in die Erkenntnistheorie*, Freiburg/München: Karl Alber

Gabriel, Markus, 2013, *Warum es die Welt nicht gibt*, Berlin: Ullstein

Grabka, Markus/Halbmeier, Christoph, 2019, *Vermögensungleichheit in Deutschland bleibt anhaltend hoch*, in: *DIW-Wochenbericht*, 40, S. 736-745

Graf, Dittmar/Lammers, Christoph, 2011, *Evolution und Kreationismus in Europa*, in: Graf, Dittmar (Hrsg.), *Evolutionstheorie – Akzeptanz und Vermittlung im europäischen Vergleich*, Berlin/Heidelberg: Springer, S. 9-28

Knabe, Andreas/Schöb, Ronnie/Thum, Marcel, 2020, *Bilanz nach fünf Jahren: Was hat der gesetzliche Mindestlohn gebracht?*, in: *ifo Schnelldienst*, 73. Jg., 4, S. 3-22

Müller, Matthias, 2013, *Deutungsmusteranalyse in der soziologischen Sozialpolitikforschung. Überlegungen zu einem qualitativen Forschungsansatz*, in: *ZQF – Zeitschrift für qualitative Sozialforschung*, 14. Jg., 2, S. 295-310

Müller, Matthias/Opielka, Michael, 2010, *Die Werte des Grundeinkommens. Eine qualitative Analyse von Gruppendiskussionen*, in: Franzmann, Manuel (Hrsg.), *Bedingungsloses Grundeinkommen als Antwort auf die Krise der Arbeitsgesellschaft*, Weilerswist: Velbrück Wissenschaft, S. 267-305

National Academy of Sciences/Royal Society, 2020, *Climate Change. Evidence & Causes. Update 2020*. Internet: https://royalsociety.org/topics-policy/projects/climate-change-evidence-causes/

Oevermann, Ulrich, 2001, *Die Struktur sozialer Deutungsmuster – Versuch einer Aktualisierung*, in: *Sozialer Sinn*, 2. Jg., 2, S. 35-81

Opielka, Michael, 2006, *Gemeinschaft in Gesellschaft. Soziologie nach Hegel und Parsons*, 2. Aufl., Wiesbaden, Springer VS

Opielka, Michael, 2007, *Kultur versus Religion. Soziologische Analysen zu modernen Wertkonflikten*, Bielefeld: Transcript

Opielka, Michael, 2008, *Sozialpolitik. Grundlagen und vergleichende Perspektiven*, 2. Aufl., Reinbek: Rowohlt (rowohlts enzyklopädie)

Opielka, Michael, 2017, *Soziale Nachhaltigkeit. Auf dem Weg zur Internalisierungsgesellschaft*, München: oekom

Opielka, Michael (Hrsg.), 2019, *Zukunftslabor Schleswig-Holstein. Demographie und Digitalisierung #ZLabSH*. ISÖ-Text 2019-1, Norderstedt: BoD

Piketty, Thomas, 2014, Das Kapital im 21. Jahrhundert, München: Beck

Poser, Hans, 2012, *Wissenschaftstheorie. Eine philosophische Einführung*, 2. Aufl., Stuttgart: Reclam

Schülein, Johann August/Reitze, Simon, 2016, *Wissenschaftstheorie für Einsteiger*, 4. Aufl., Wien: Facultas UTB

Vieweg, Klaus. 2019, *Hegel. Der Philosoph der Freiheit*, München: Beck

8 Anhang: Das untersuchte Skript

Projektwoche SS 2019   Mai 2019   Prof. Dr.

Wissenschaftstheoretische Grundlagen

Fake Science: Fake News in den Wissenschaften

Einleitung

Das achte Gebot: „Du sollst nicht falsch Zeugnis reden wider deinen Nächsten." (5. Mose 5, 20)

Immer wieder werden wissenschaftliche Erkenntnisse angezweifelt. Das ist erst einmal legitim, ist doch der Zweifel der Nährboden des Fortschritts.

Über (längst) widerlegte, mehr oder weniger „wissenschaftliche" Erkenntnisse rümpfen wir heute die Nase:

- die Erde ist eine Scheibe
- Krankheiten sind durch Aderlass heilbar
- Die Armen werden immer ärmer und die Reichen immer reicher
- Der Trend zur Globalisierung trägt zur Verarmung der Entwicklungsländer bei
- Der zunehmende CO_2-Ausstoß führt zur Erderwärmung und damit einhergehend zu immer größeren Naturkatastrophen
- Die Rente ist sicher (vom damaligen Bundessozialminister Norbert Blüm)

"Die Rente ist sicher" – kaum ein politischer Satz brannte sich in die Köpfe der Deutschen ein wie dieser. Dr. Norbert Blüm (CDU, Bundesminister für Arbeit und Sozialordnung), sprach die Worte zwar erstmals im Wahlkampf 1986, am 10. Oktober 1997 sollte er diese jedoch in einer hitzigen Debatte im Deutschen Bundestag wiederholen. Mit den Stimmen der Fraktionen der CDU/CSU und FDP wurde an diesem Tag die umstrittene Rentenreform verabschiedet. Die gestiegene Lebenserwartung und eine geringe Geburtenrate zwangen die Politik zum Handeln. Die damalige Regierung reagierte: Ein sogenannter demografischer Faktor sowie die Absenkung des Rentenniveaus von 70 auf 64 Prozent sollten die Renten der Deutschen in Zukunft langsamer ansteigen lassen...Im Parlament sorgten diese Pläne für reichlich Zündstoff. "Diese Bundesregierung will den Leuten an die Rente", sagte Rudolf Dreßler (SPD) vor dem Parlament. Der demografische Faktor sei ein **pseudowissenschaftliches Alibi** und politischer Unsinn, unterstrich die SPD deutlich. "Die Folgen dieses Gesetzentwurfes sind klar: Die Operation ist gelungen, die Rentenversicherung auf der Intensivstation", so Dreßler, der versicherte, dass die SPD diese Reform wieder abschaffen werde. "Unser Widerstand liegt auch im Interesse der jungen Generation." Download am 11.09.2018 aus, Hervorhebung R.O.: https://www.bundestag.de/dokumente/textarchiv/2012/40879998_kw41_rente_kalenderblatt/209618

Wir müssen zwei Dinge untersuchen:

(1) Sind sie wahr oder falsch
(2) Sind diese Aussagen überhaupt wissenschaftlich?

Vorab eine wichtige Unterscheidung, die Sie kennen (sollten) aus „VWL I"

1

Projektwoche SS 2019   Mai 2019   Prof. Dr.

Sachaussage vs. Werturteil

Sie kennen noch aus Ihren ersten VWL-Vorlesungen die Unterscheidung zwischen normativen und positiven Aussagen (vgl. N. G. Mankiw/M. P. Taylor, Grundzüge der Volkswirtschaftslehre, 6.Auflage, Stuttgart 2016, S.31 ff.) Ordnen Sie folgende Aussagen richtig zu:

Quelle:http://www.bing.com/images/search?view=detailV2&ccid=uhtTOkAA&id=5711EF8ED81BDE2A70779A18341DE51F1ECB7F15&thid=OIP.uhtTOkAAHAM4QXD93tg5RAHaDt&mediaurl=http%3a%2f%2ftechnismiecki.files.wordpress.com%2f2012%2f05%2fuebung.gif&exph=826&expw=1646&q=%ic3%bcbung&simid=608046146205912447&selectedIndex=7&ajaxhist=0 download am 11.09.18.

Positive oder normative Aussage?

- – Eine Erhöhung des Mindestlohns verursacht Arbeitslosigkeit unter schlecht qualifizierten Arbeitnehmern.
- – Die Einkommensgewinne durch die Mindestlohnerhöhungen sind wichtiger als eine geringe Steigerung der Arbeitslosigkeit.
- – Tabakunternehmen sollten Regierungen für die Kosten der Behandlung von Krankheiten entschädigen, die im Zusammenhang mit Rauchen auftreten.

- Positive Aussagen sind deskriptiv und beschreiben, wie die Welt ist
- Normative Aussagen sind präskriptiv und zielen darauf ab, wie die Welt sein sollte.

2

Projektwoche SS 2019   Mai 2019   Prof. Dr.

Das wissenschaftliche Prinzip

Wissenschaftsbasiert heißt aber immer (!), dass die „Ordnung des Wissens" (= „Wissenschaft") den folgenden Grundforderungen genügen muss:

- Eindeutigkeit durch genaue Definitionen,
- Transparenz durch Offenlegung der Methoden und der Quellen des Erkenntnisgewinns,
- Überprüfbarkeit des Wahrheitsgehaltes durch jederzeitige Validierung und Verifizierung, ggf. auch Falsifizierbarkeit,
- Verlässlichkeit des Erkenntnisgewinns durch Wiederholbarkeit,
- Objektivität durch ausschließliche Berücksichtigung von Fakten und logisch konsistenten Schlussfolgerungen,

Jochen Struwe, Ideologische Überzeugungstäter mit akademischem Titel statt Wissenschaftler mit gefestigtem Wertekostüm, in: hlb, Die Neue Hochschule, 04/2018, S.12

3

Projektwoche SS 2019   Mai 2019   Prof. Dr.

Das Prinzip der Falsifizierung

Der Philosoph Karl Popper (1902-1994, geb. Österreicher) trug maßgeblich dazu bei, den Begriff Wissenschaft überhaupt zu konkretisieren. Er relativierte den Begriff der Wahrheit in der Wissenschaft. Wir nähern uns bestenfalls der Wahrheit an, indem wir immer wieder alte Theorien falsifizieren (d.h., als unzutreffend entlarven) und durch neue ersetzen. Diese neuen Theorien können aber ihrerseits falsifiziert werden.

Ausführliche Definition

Die Wissenschaftstheorie des Kritischen Rationalismus geht von einer Asymmetrie zwischen der Falsifikation (/definition/falsifikation-36529) und der Verifikation (/definition/verifikation-50409) aus. Während Thesen und Theorien durch eine einzige sie widerlegende Beobachtung falsiziert werden, ist eine endgültige Verifikation auch bei noch so vielen bestätigenden Beobachtungen unmöglich. Nach dem von Popper (Popper-Kriterium (/definition/popper-kriterium-43593)) aus dem logischen Positivismus (/definition /positivismus-46391) heraus entwickelten philosophisch-erkenntnistheoretischen Programm sind alle vorliegenden Theorien als vorläufig anzusehen und permanenten kritischen Prüfungen zu unterziehen (methodischer Rationalismus), innerhalb der Realwissenschaften durch die Konfrontation mit Erfahrungstatsachen (Versuch der Falsifikation (/definition/falsifikation-36529) oder Alternativtheorien (Pluralismus (/definition/pluralismus-46261)).

Vgl. auch Methodologie (/definition/methodologie-37562).

Zitierfähige URL (/definition/kritischer-rationalismus-39199/version-262614)

Bernd-Thomas Ramb, Stichwort *Kritischer Rationalismus*
https://wirtschaftslexikon.gabler.de/definition/kritischer-rationalismus-39199

„Wie kann man "Sätze der empirischen Wissenschaften von metaphysischen Behauptungen […] unterscheiden"? ... Poppers Antwort: anhand des Kriteriums der Falsifizierbarkeit. Begründung: Ich kann noch so viele weiße Schwäne gesehen haben – die Sichtung des ersten schwarzen Schwans widerlegt die allgemeine Aussage, daß alle Schwäne weiß sind. Allgemein formuliert: Falsifikationen sind wichtiger als Verifikationen. Denn Verifikationen sind nur bei "besonderen Wirklichkeitsaussagen" möglich, nicht bei "streng allgemeinen Wirklichkeitsaussagen" ..., die "*mehr*" aussagen, "als empirisch überprüft werden kann" ... https://www.philognosie.net/wissen-technik/kleine-einfuehrung-in-die-philosophie-von-karl-popper (dl.10.09.2018)

Falsifizierung wird anhand von empirischen Untersuchungen und den entsprechenden Daten durchgeführt. Kehren wir zurück zur Aussage:

Eine Erhöhung des Mindestlohns verursacht Arbeitslosigkeit unter schlecht qualifizierten Arbeitnehmern.

Dann kann eine neue Erhebung, z.B. in Deutschland 2018, dazu führen, dass trotz der Einführung des Mindestlohnes kein Anstieg der Arbeitslosigkeit in der entsprechenden Arbeitsmarktsegment feststellbar war.

4

Projektwoche SS 2019   Mai 2019   Prof. Dr.

Damit könnte die Hypothese, also der vermutete Zusammenhang, zurückgewiesen werden. Jedoch wäre dann wieder zu fragen, warum die *allgemeine* Vermutung im *konkreten Falle (Deutschland 2017-18) NICHT* zutraf. Es wären folgende weiterführende Hypothesen denkbar:

- *Der Mindestlohn war unwirksam, d.h., er lag unter dem Marktlohn (vgl. Mankiw/Taylor, 6.A., S.260-267)*
- *Andere Effekte überlagerten den Einfluss des Mindestlohnes, z.B. die robuste gesamtwirtschaftliche Nachfrage*
- *Menschen, die durch den Mindestlohn arbeitslos wurden, haben sich resigniert zurückgezogen, sind aus der Statistik gefallen. Insofern wurde die Arbeitslosigkeit falsch gemessen.*

Gründe für fake science

Geld/ Ruhm / Karriere

Fallbeispiel (1): Reporter des WDR unterbreitet unsinnige Studie, kann in einem Fachjournal veröffentlichen und auf einem Fachkongress auftreten.

https://wdrmedien-a.akamaihd.net/medp/podcast/ebu/fsk0/168/1688840/quarks_2018-07-24_betrugstattspitzenforschungwennwissenschaftlerschummeln_wdr.mp4

Fallbeispiel (2): Bertelsmann-Stiftung erhält so viele Aufträge von Bundes- und Landesregierungen, dass die Objektivität ihrer Studien in Frage gestellt werden kann

5

Projektwoche SS 2019   Mai 2019   Prof. Dr.

6

Projektwoche SS 2019   Mai 2019   Prof. Dr.

Ideologie/politische Einstellung

Die Bertelsmann-Stiftung schreibt im Vorwort einer von ihr in Auftrag gegebenen Studie von Holger Bonin (Der Beitrag von Ausländern und künftiger Zuwanderung zum deutschen Staatshaushalt, ZEW Mannheim.2014) auf Seite 4 folgendes...

> Eine moderne Migrationspolitik muss Zuwanderer gewinnen, hier halten und zu selbstbestimmten Mitbürgern machen – unabhängig davon, ob sie als Hochqualifizierte, Familiennachzügler oder Flüchtlinge ins Land kommen. Sie muss auf die Bedürfnisse der zukünftigen Einwanderer und auch die der bereits im Land lebenden Migrantinnen und Migranten ausgerichtet sein. Und zu guter Letzt muss eine moderne Migrationspolitik die kontroverse gesellschaftliche Debatte über Multikulturalität entschärfen, die in Teilen der Bevölkerung existierenden Befürchtungen zerstreuen – zu der auch die eingangs erwähnte Sorge um die angeblichen Belastungen der Sozialsysteme durch Ausländer gehören – und Vielfalt im Selbstverständnis des Landes als positives Narrativ verankern.

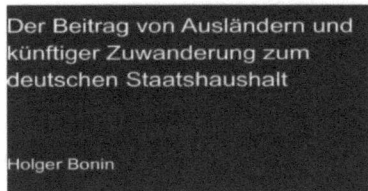

... obwohl Bonin eine Reihe eher ungünstiger Szenarien vorlegt und schreibt:

„Im ungünstigen Extremfall, dass künftige Zuwanderer durchweg so qualifiziert wären wie der Durchschnitt der ausländischen Wohnbevölkerung im Jahr 2012, würde die einheimische Bevölkerung durch weitere Zuwanderung belastet. Zwar wirkt der demografische Entlastungseffekt auch hier; die Tragfähigkeitslücke in den öffentlichen Haushalten wächst aber wegen der im Vergleich zu den Einheimischen ungünstigen fiskalischen Position der Migranten so weit an, dass jeder Bürger zur Sicherung der fiskalischen Nachhaltigkeit pro Kopf und Jahr 125 Euro mehr beitragen müsste als im Referenzfall einer Bevölkerungsentwicklung ohne Zuwanderung." (S.58).

Nur für den Fall deutlich steigender Qualifikationen der Zuwanderer wären positive fiskalische Effekte nachzuweisen. Das widerspricht der Aussage der Bertelsmannstiftung im Vorwort („unabhängig davon..."), da sie ein „positives Narrativ" erzeugen will.

7

Projektwoche SS 2019   Mai 2019   Prof. Dr.

„Eine berufsmäßigen ‚Denkern' besonders nahezulegende Obliegenheit ist: sich gegenüber den jeweilig herrschenden Idealen, auch den majestätischsten, einen kühlen Kopf im Sinn der persönlichen Fähigkeit zu bewahren, nötigenfalls ‚gegen den Strom zu schwimmen'". [1] Max Weber, Übervater der deutschen Soziologie, hat zeitlebens für eine werturteilsfreie, objektive Wissenschaft geworben. Webers Diktum war des Öfteren unter Beschuss. Forschende sind keine Maschinen, die ihre Normen und Werte vor Arbeitsbeginn ablegen. Unzweifelhaft haben sie persönliche Präferenzen, welche Impulse sie mit ihrer Forschung der Umwelt und den Mitmenschen geben wollen. Es lässt sich gar behaupten, dass selbst bei einem Vorhaben mit dem trockensten, nüchternsten Forschungsgegenstand, dem sich mit der menschenmöglich größten Objektivität angenähert wurde, noch Spuren subjektiver Überzeugungen finden lassen, die aus dem Forschungsdesign heraus nicht zu erklären sind.

In jüngerer Zeit aber häufen sich Forschungsergebnisse, die weltanschaulich derart in der Wolle gefärbt sind, dass dem Ruf der Wissenschaft Schaden droht. Ein Beispiel: Im März 2018 trat das Bundesumweltamt mit einer Studie an die Öffentlichkeit, die 6.000 Tote pro Jahr auf Stickoxid in der Atemluft zurückführte. Große Aufregung! Das Ergebnis schlug wie eine Bombe in der erhitzten Debatte um Fahrverbote in deutschen Innenstädten ein. Aber nur wenige Tage später mussten sich die Forschenden ausgerechnet vom Boulevardblatt BILD Unwissenschaftlichkeit vorwerfen lassen. Es handle sich um eine

„statistisch höchst umstrittene Annäherung, die in keinster Weise belastbar ist". [2]

Auch in einem anderen Fall mutierten spektakuläre Studienergebnisse zur Peinlichkeit: Im Mai 2017 legte das Göttinger Zentrum für Demokratieforschung eine Untersuchung zum Rechtsextremismus in Ostdeutschland vor, die ein düsteres Bild der neuen Bundesländer als braunem Hort rechtsextremer Umtriebe zeichnete. Die Lage scheinbar: dramatisch, die Radikalen: flächendeckend präsent. Nur kam wenig später heraus, dass das ganze Ergebnis auf nur vierzig Einzelinterviews offenkundig nicht repräsentativ ausgewählter Gesprächspartnerinnen und -partner aus nur wenigen ostdeutschen Orten basierte. Nach einigem Zieren distanzierte sich denn auch die Auftraggeberin. [3]

Wie kann es zu derlei Reinfällen kommen? Hier sind schließlich keine Rechenfehler passiert, keine Fehlschlüsse erfolgt. Nein, es wurde gepfuscht, weil nicht die Forschung, sondern das Ergebnis das eigentliche Arbeitsziel ist. Sicherlich, die Gründe mögen lauter gewesen sein. Sensationelle Studienergebnisse, die nicht nur Aufmerksamkeit in der wissenschaftlichen Gemeinde, sondern auch ein großes Medienecho erzeugen, sollen dazu führen, den Umwelt- und Gesundheitsschutz voranzubringen oder Rechtsextremismus kleinzuhalten. Denn für die Verantwortlichen fügen sich die diskutierten Probleme in ein größeres Bild: Es geht nicht allein um Schadstoffbelastung in den Ausfallsstraßen der Großstädte oder politischen Extremismus in peripheren Kleinstädten. Nur wenig subtil werden die großen weltanschaulichen

> „Es wurde gepfuscht, weil nicht die Forschung, sondern das Ergebnis das eigentliche Arbeitsziel ist."

Markus Karp: Aktivismus statt wissenschaftliches Arbeiten. Die Neue Hochschule 04/2018, S.8-9.

8

Projektwoche SS 2019   Mai 2019   Prof. Dr.

Maßnahmen gegen fake science

Der Maßnahmekatalog gegen fake science ist eng verwandt mit dem Kampf gegen fake news. Allerdings ist in der Wissenschaft ja der Wahrheitsbegriff immer nur ein vorläufiger. Bei fake news im Alltag ist es schon problematisch genug, auf „Wahrheit" oder „fake" zu entscheiden. Insbesondere ist dort zu beachten

- Das Recht auf Meinungsfreiheit, das auch die Verbreitung von Meinungen explizit erlaubt
- Die Interpretation von Texten, Bildern, Videos, die nicht immer eindeutig ist
- Die Gefahr einer Monopolisierung der Wahrheit („Wahrheitsministerium" in George Orwell, 1984)

Wer entscheidet?

Die „Community"

- Standardisierung der Forschung
- Peer review – Prozeß bei Publikationen (d.h., Wissenschaftler vom Fach beurteilen das eingereichte Manuskript vorab auf Wissenschaftlichkeit)
- Überprüfende Forschung (Studien, die das Gegenteil „beweisen" usw.)
- Offenlegung der Basisdaten, des Forschungsdesigns usw.

Gerichte

Beispiel Auschwitz-Lüge

Leider gibt es keine Gesetze, die darlegen, was wahr oder was falsch ist. Die einzige dem Autor bekannte gesetzliche Festlegung ist die sog. „Auschwitz-Lüge"

Der Massenmord an Juden in den Gaskammern von Konzentrationslagern während des Zweiten Weltkrieges ist als geschichtliche Tatsache offenkundig (vgl. BGH, Urteil vom 15. März 1994 - 1 StR 179/93 = NStZ 1994, 390; BVerfG NJW 1994, 1779, 1780) [BVerfG 13.04.1994 - 1 BvR 23/94]. Wenn sich der Angeklagte bei seiner politischen Agitation über diese offenkundige Tatsache hinwegsetzt, so ist das nicht geeignet, sein Tun in milderem Licht erscheinen zu lassen. Wer vor der historischen Wahrheit die Augen verschließt und sie nicht anerkennen will, verdient dafür keine Strafmilderung, zumal wenn es sich um Straftaten handelt, die - wie Volksverhetzung und Aufstachelung zum Rassenhaß (§§ 130, 131 Abs. 1 Nr. 1 StGB in der bis zum 30. November 1994 geltenden Fassung) - den öffentlichen Frieden besonders gefährden.

Quelle: Urteil des Bundesgerichtshofs, v. 15.12.1994, Az.: 1 StR 656/94, https://www.jurion.de/urteile/bgh/1994-12-15/1-str-656_94/ (dl. 13. September 2018)

Fangfrage: Wäre parallel zu den o.g. Überlegungen auch ein Straftatbestand der „Klimalüge" i.S. der Leugnung der menschgemachten Erderwärmung einzuführen?

9

Projektwoche SS 2019   Mai 2019   Prof. Dr.

Beispiel Evolutionstheorie

Europarat will Kreationismus nicht verdammen

Veröffentlicht am 26.06.2007 | Lesedauer: 2 Minuten
Von Christina Neuhaus
Schuf Gott die Welt wie in der Bibel beschrieben? Kreationisten glauben daran

Ein Bericht fährt gegen die Vertreter des Kreationismus' schwere Geschütze auf: Die auf der Bibel basierende Theorie gefährde Menschenrechte und die Demokratie. Diese Aussagen will der Europarat so aber nicht verabschieden. Jetzt muss das Papier überarbeitet werden.

"Wenn wir nicht aufpassen, könnte der Kreationismus eine Bedrohung der Menschenrechte werden" – so steht es in einem Bericht des EuroparatsAusschusses für Kultur, Wissenschaft und Bildung. Maßgeblich verfasst wurde das Papier vom französischen Sozialisten Guy Lengagne. Er lässt keinen Zweifel daran, für wie gefährlich er die Theorie hält, nach der die Erde sich nicht durch die Evolution zu dem entwickelte, was sie heute ist, sondern von Gott geschaffen wurde – wie in der Bibel beschrieben. Darauf deutet schon der Titel des Papiers hin: "Die Gefahren des Kreationismus' in der Bildung". Der Kreationismus, egal in welcher konkreten Ausprägung oder Glaubensrichtung, sei "nicht faktenbasiert", schreibt Lengagne in dem Bericht. Dagegen gebe es aus wissenschaftlicher Sicht "absolut keinen Zweifel" daran, dass die Evolutionstheorie zentral sei "für unser Verständnis des Universums und des Lebens auf der Erde". Lengagne warnt insbesondere davor, den Kreationismus im Biologieunterricht zu vermitteln, quasi als Alternative zur Evolutionstheorie. Wenn überhaupt, so dürfte darüber nur im Religionsunterricht gesprochen werden.

Konservative finden Kritik unausgewogen

Für eine Mehrheit der Mitglieder des Europarats ist Lengagnes Bericht zu unreflektiert ausgefallen. Eigentlich sollte der Rat das Papier noch in dieser Woche debattieren. 63 der 119 Mitglieder jedoch lehnten dies ab und verwiesen den Bericht zurück an den zuständigen Ausschuss. Der Vorsitzende der konservativen Fraktion im Europarat, der Belgier Luc van den Brande, erklärte, die Kritik an den kreationistischen Vorstellungen sei unausgewogen.

Berichterstatter Lengagne, der Mathematik an der Universität von Amiens lehrt, bringt in dem Papier drastische Beispiele dafür, was passieren könnte, würden die Anhänger des Kreationismus mehr Einfluss erhalten. So würde die Suche nach einem Heilmittel für tödliche Krankheiten wie AIDS gebremst, Fundamentalismus und Extremismus würden gestärkt.

Explizit warnt Lengagne vor der engen Verbindung zwischen religiösem Extremismus, der oft hinter der Ablehnung der Evolutionstheorie stecke, und rechtsgerichteter Politik. Wer den Kreationismus konsequent vertrete, wolle die Demokratie durch die Theokratie, also einen Gottesstaat, ersetzen.

Auf die Kritik des Europarats reagierte Lengagne entsetzt. "Wir erleben hier, wie die Weichen für eine Rückkehr ins Mittelalter gestellt werden, und zu viele Mitglieder dieser Menschenrechts-Versammlung bemerken es nicht", sagte er.

Den kompletten Bericht Guy Lengagnes im Wortlaut (englisch) können Sie hier auf der Website des Europarats *(http://www.assembly.coe.int/Main.asp?*

link=/Documents/WorkingDocs/Doc07/EDOC11297.htm) lesen.

10

Projektwoche SS 2019   Mai 2019   Prof. Dr.

Politiker / Wähler

Wissenschaft ist keine Demokratie, Erkenntnis hat mit Mehrheiten nichts zu tun. Einsteins Relativitätstheorie wurde nicht durch Abstimmung gültig; selbst eine Abstimmung unter den angesehensten Wissenschaftlern der Zeit hätte keinen Einfluss auf das Ergebnis der Theorie haben dürfen.

„Es wird immer wieder darauf hingewiesen, dass hinter dem vom IPCC gesammelten Untersuchungen etwa 10.000 Wissenschaftler aus der ganzen Welt stehen. Diese Aussage verkennt die grundlegende Regel der modernen Wissenschaftstheorie, die darin besteht, dass wissenschaftliche Hypothesen nicht durch Mehrheitsentscheidungen bestätigt, sondern durch empirische Tatsachen vorläufig nicht falsifiziert werden." [Klaus Schöler, Irrwege der Klimapolitik – Anmerkungen aus volkswirtschaftlicher Sicht, ORDO Jahrbuch für die Ordnung von Wirtschaft und Gesellschaft (Lucius & Lucius, Stuttgart 2013) Bd. 64, S. 278 (Fußnote 9)]

Fallbeispiel: Gibt es Intelligenzunterschiede je nach Herkunft und Rasse?

Heiner Rindermann und Detlef Rost: Was ist dran an Sarrazins Thesen? Aktualisierter Aufsatz vom 07.09.2010, www.faz.net

Aus einem Aufsatz über Thilo Sarrazins Aussagen über Intelligenz und Ethnie: „**Gibt es einen Zusammenhang von Intelligenz und muslimischer Kultur?**

Sarrazins Thesen zum Zusammenhang von Migration, Bildung und Intelligenz sind besonders umstritten. Vorab ist festzuhalten, dass empirische Studien stets nur Mittelwerte berichten. Es gibt eine beträchtliche Variabilität innerhalb der Gruppen, zwischen verschiedenen Gruppen existieren große Überlappungen. Mittelwertunterschiede führen aber auch zu unterschiedlichen Häufigkeiten schwacher und günstiger Werte. Für die Praxis kann immer nur das Individuum von Bedeutung sein.

In der Tat schneiden türkische Immigrantenkinder in Schulleistungs- und Intelligenzteststudien schwach ab. Diese Werte korrespondieren mit ähnlichen Werten in den Herkunftsländern und einer geringeren Bildung Erwachsener sowie einem intellektuell weniger stimulierendem Familienklima. Deshalb sind die Befunde vermutlich gültig. Die Ergebnismuster sind über die Einwanderungsländer hinweg recht robust; dennoch gibt es beachtliche Unterschiede: Türkischstämmige Schüler in den Niederlanden schneiden besser ab als türkischstämmige Kinder in Deutschland, in Bayern Migranten besser als in Berlin. Die Leistungen von Schülern, nicht nur von Immigranten, hängen also sowohl von Faktoren ab, die die Schüler mitbringen, als auch von länderspezifischen Besonderheiten (z. B. Qualität des Schulsystems).

Sarrazin weist auf die genetischen Auswirkungen der Heirat von Verwandten hin, was in muslimischen Gesellschaften weniger verpönt ist, wohl aber in christlich-jüdischen Gesellschaften mit Ausnahme der Adelshäuser. Bei Cousin-Cousinen-Ehen ist im Schnitt die Intelligenz der Nachkommen um drei IQ-Punkte abgesenkt; hinzu kommt ein erhöhtes Risiko für Krankheiten. Nach internationalen Statistiken werden in der Türkei 21 Prozent aller Ehen zwischen Verwandten geschlossen, in Afghanistan 55 Prozent, in Pakistan 61 Prozent, im Schnitt der muslimischen Länder 32 Prozent. In Westeuropa liegt die Häufigkeit unter einem Prozent. Das würde, auf ein muslimisches Land hochgerechnet, etwa eine Beeinträchtigung

11

von maximal ein bis zwei IQ-Punkten ergeben. Rechnet man hypothetisch Folgeeffekte auf Kinder über die Erziehung und Mehrfachverwandtenheiraten hinzu, dann könnten es bis zu drei oder vier IQ-Punkte sein. Verwandtschaftsehen klären damit nur einen kleineren Anteil der Differenz von im Mittel 10 bis 20 IQ-Punkten auf.

Wichtiger sind die kulturellen Faktoren, die unter anderem zu diesen Verwandtenheiraten führen, aber noch entscheidender ist die Wertschätzung des Denkens. Es ist schwierig, die Wirkung von Weltanschauungen auf die Erziehung, damit auf Intelligenz und umgekehrt von Intelligenz auf Kultur zu bestimmen. Kritisch sind für herkömmliche Strömungen des Islams die Traditionen autoritären Auswendiglernens, mangelnde Orientierung zum Selberdenken und autoritäre Erziehung in Familien. Hinzu kommen eine gescheiterte Geschichte der Aufklärung, die geringe Bildung von Frauen und damit der Mütter, ein generell geringes Bildungsniveau der Eltern, das aufzuholen ein bis zwei Generationen dauert. Und schließlich gibt es im Arabischen noch Sprach- und Schriftprobleme.

Das alles ist aber nicht festgezurrt, sondern kann verändert werden. In vielen muslimischen Ländern ist eine Verbesserung der Bildungssituation beobachtbar: So hat die Türkei die Schulpflicht von fünf auf acht Jahre hochgesetzt. In Iran gibt es seit jeher eine aktive Intellektuellen- und Universitätsszene. In den Golfstaaten werden Universitäten gegründet, welche aber hauptsächlich als Ausbildungsschulen, kaum als lebendige Zentren für geistige Auseinandersetzung und Forschung konzipiert sind. Es gibt also in vielen muslimisch geprägten Staaten erste, noch nicht ausreichende Reformen zur Verbesserung von Schule und Unterricht." http://www.faz.net/aktuell/feuilleton/sarrazin/die-thesen/intelligenz-von-menschen-und-ethnien-was-ist-dran-an-sarrazins-thesen-11041641.html?printPagedArticle=true#pageIndex_0 (14.08.18):

Ist die Sarranzin-These, die übrigens von etlichen Wissenschaftlern geteilt wird, eine Volksverhetzung? Ohne juristisch ins Detail gehen zu wollen (was den entsprechenden Kollegen, die Recht lehren, vorbehalten ist), hier nur der Wortlaut des entsprechenden Paragraphen:

„Strafgesetzbuch (StGB) § 130 Volksverhetzung
(1) Wer in einer Weise, die geeignet ist, den öffentlichen Frieden zu stören,
1. gegen eine nationale, rassische, religiöse oder durch ihre ethnische Herkunft bestimmte Gruppe, gegen Teile der Bevölkerung oder gegen einen Einzelnen wegen seiner Zugehörigkeit zu einer vorbezeichneten Gruppe oder zu einem Teil der Bevölkerung zum Hass aufstachelt, zu Gewalt- oder Willkürmaßnahmen auffordert oder
2. die Menschenwürde anderer dadurch angreift, dass er eine vorbezeichnete Gruppe, Teile der Bevölkerung oder einen Einzelnen wegen seiner Zugehörigkeit zu einer vorbezeichneten Gruppe oder zu einem Teil der Bevölkerung beschimpft, böswillig verächtlich macht oder verleumdet, wird mit Freiheitsstrafe von drei Monaten bis zu fünf Jahren bestraft. ...
so zitiert in https://www.auftanken.de/bl_andachten/2016-01-13/ (14.08.18)

12

ISÖ
Institut für
Sozialökologie

Impressum

ISÖ – Institut für Sozialökologie gemeinnützige GmbH

Tel.: +49 (0) 2241 1457073
Fax: +49 (0) 2241 1457039

Ringstraße 8
53721 Siegburg

Wissenschaftlicher Leiter und Geschäftsführer

Prof. Dr. habil. Michael Opielka

Förder- und Trägerverein

Sozialökologische Gesellschaft e.V. (gemeinnützig) - gegründet 1987

Mitgliedschaften

Mitglied der Arbeitsgemeinschaft Sozialwissenschaftlicher Institute e.V. (ASI)
Mitglied im Deutschen Verein für öffentliche und private Fürsorge e.V.

www.isoe.org

ISÖ
Institut für
Sozialökologie